AF339616

MONUMENT NATIONAL

ÉLEVÉ

AU COURAGE, AU DÉVOUEMENT, A L'HUMANITÉ

LES

SAUVETEURS CÉLÈBRES

PAR

TURPIN DE SANSAY

LE DOCTEUR AUTIER

D'AMIENS

(15e PORTRAIT, page 141 et suivantes)

PARIS

E. DENTU, ÉDITEUR

PALAIS-ROYAL

1868

AMIENS. — IMPRIMERIE ET LITHOGRAPHIE CAILLAUX

Place Périgord, 3.

ANTE-FACE

Cet ouvrage, qui a près de 600 pages, est consa-
cré aux gloires humanitaires qui se sont distinguées
dans la carrière du Sauvetage et du Dévouement de
l'homme à son semblable, et ne contient pas moins
de cent-trente portraits. Il est le Panthéon de la bra-
voure, sous le portique duquel figurent les immor-
talités du Courage. En un mot, mon OEuvre est un
LIVRE D'OR qui doit servir de Catéchisme social aux
enfants de la génération présente et des générations
futures.

Ecrit d'après des documents authentiques, le volume des SAUVETEURS CÉLÈBRES est une OEuvre vraie,
au fond comme dans la forme, et chaque lecteur ou
chaque lectrice, en parcourant ces récits d'existences
qui honorent la France, sera pénétré d'admiration à

la révélation de ces natures vaillantes dont la devise est: *Sauver ou Périr*.

Avant leur terminaison même, les *Sauveteurs célèbres* ayant acquis un succès de haute estime, nous ne doutons pas que leur apparition ne soit saluée par l'applaudissement unanime des Frères d'armes de l'Humanité.

TURPIN DE SANSAY.

Le Docteur AUTIER

Médecin du Bureau de Bienfaisance

C'est à juste titre que l'École de Médecine de Paris est réputée la première du monde.

Elle ne se contente pas de former des médecins savants, des chirurgiens habiles, elle inculque encore à ses élèves des principes primordiaux de dévouement, dont on constate chaque jour les preuves.

Et ce dévouement, qui fait rechercher de toutes parts les médecins de l'École de Paris, les étudiants l'apprennent en voyant, dans les hôpitaux, l'abnégation et l'intrépidité de ces femmes généreuses qui consacrent leur existence au soulagement des malades, — les bonnes Sœurs de charité.

Cette École, en un mot, a formé d'illustres praticiens dont elle a le droit d'être fière ; les noms les plus éminents de la science brillent en lettres d'or sur les Tables de la Postérité ; et parmi ces célébrités, qui forment autour d'elle une pléiade lumineuse, il en est un dont elle peut être glorieuse : c'est le docteur Autier, d'Amiens.

Autier (Jean-Baptiste-Victor), naquit à Nouzon, près Charleville (Ardennes), le 29 mars 1811.

Ses études terminées, sa famille l'envoya à Paris, suivre les cours de la Faculté de médecine.

Laissant de côté la vie de travail et de progrès du jeune étudiant, nous dirons seulement qu'à la terrible apparition du choléra de 1832, il fut un des premiers à partir en province pour soigner les malades.

Détaché à Renancourt (banlieue d'Amiens), pendant trois mois, le jeune élève donna les preuves d'un zèle infatigable.

Sur trois cents individus atteints de l'épidémie, il n'en perdit que soixante-huit ; c'était un beau résultat, si l'on songe qu'à cette époque, l'horrible mal asiatique, à son début, tuait presque tous ceux qu'il frappait.

La panique inspirée par le fléau était telle que chacun fuyait, abandonnant les malades et laissant les cadavres sans sépulture.

Dans ces circonstances difficiles, l'étudiant prodigua non-seulement ses soins aux cholériques, mais encore ensevelit lui-même les corps de ceux qui succombaient.

Grâce à son dévouement, à son habileté, le fléau s'éloigna de Renancourt, mais ce fut pour aller à Abbeville exercer ses ravages.

Le courageux élève, poursuivant l'ennemi qui reculait, s'installa à Abbeville.

Là, il faillit lui-même être victime du mal; car, dès les premiers jours de son arrivée, il fut atteint d'un cas de choléra foudroyant, et cela chez un pharmacien de la rue Saint-Gilles, au moment où il faisait préparer une potion pour un malade.

Heureusement, Autier ne succomba pas, et, au bout de quelques temps, il pût reprendre le cours de son service.

Ce que, — dans cette première épidémie, où il avait à lutter contre un adversaire invisible qui l'entourait et le menaçait à toute heure, — le docteur Autier déploya de courage et d'habileté, nuit et jour, est pour ainsi dire, inénarrable.

Nous nous bornerons donc à constater que les députés de la Somme, pour le récompenser de sa belle conduite, sollicitèrent pour lui la Croix de la Légion d'honneur.

L'étudiant ne reçut pourtant pas ce ruban rouge qu'il avait si bien gagné ; pourquoi ?

Tout simplement parce qu'on le jugea trop jeune ;
il n'avait que vingt et un ans.

En conséquence, le jeune Autier ne reçut qu'une
Médaille d'or, décernée par le département de la
Somme.

Si l'étudiant ne rapporta pas à Paris la récom-
pense méritée, du moins il laissa derrière lui une
réputation de science et de dévouement telle que,
lorsqu'il fut reçu docteur, il trouva à Amiens une
clientèle toute faite.

En peu de temps, cette clientèle devint si con-
sidérable, qu'elle absorba presque tous les moments
du jeune praticien.

Qu'y avait-il d'étonnant à cela? Rien. Le docteur Autier soignait gratuitement les pauvres qui
s'adressaient à lui.

Toutefois, si la pratique occupait la majeure par-
tie de son temps, la théorie et la science n'y per-
daient rien ; le docteur Autier travaillait, s'occupant
de questions sans nombre : médecine, pharmacie,
industrie, etc.

Plusieurs Médailles d'or attestent l'excellence et
l'utilité de ses découvertes.

C'est ainsi qu'en 1837, à l'âge de 26 ans, il pu-
blia un *Traité* en deux volumes sur *les maladies du*

cerveau ; en 1839, deux autres volumes sur *les maladies de l'estomac,* etc., etc.

En 1842, il inventa le biberon en corne de cerf,
si utile pour l'allaitement des enfants.

En 1843, il reçoit des lettres de félicitation du
Ministre de l'Intérieur et du Ministre de la Guerre,
au sujet d'utiles inventions, adoptées immédiatement
par les hôpitaux civils et militaires.

En 1847, lors de la dernière Exposition indus-
trielle du département de la Somme, Autier reçoit
une Médaille d'or de première classe, pour sa Charpie vierge, adoptée par le Conseil de santé des ar-
mées, pour les hôpitaux militaires.

La même année, il trouva les Serres aériennes,
pour hâter la maturité des fruits, surtout du raisin.

En 1848, il invente la Préparation instantanée
du beurre sans barratage, et la Teinture florale in-
digène, surtout la nuance rouge, avec la monarde
écarlate.

Mais, avec 1849, revient le choléra, suivi de son
cortége de deuil et d'épouvante ; alors le docteur
Autier s'arrache à ses livres, à ses occupations in-
dustrielles, pour voler où le danger l'appelle.

Comme en 1832, il est partout, à toute heure,
de nuit et de jour.

Enfin le fléau cesse ses ravages, et le docteur revient tranquillement à ses études et à sa clientèle.

Mais, cet instant de répit ne dure pas; à peine a-t-il eu le temps d'inventer la Charpie faite de rognures de papier non gommé, et de découvrir la force motrice de l'acide carbonique, qu'il se voit de nouveau arraché à ses chers travaux.

Nous sommes en 1852.

Le fléau asiatique a reparu ; comme aux épidémies précédentes, le zélé praticien prodigue ses soins, son dévouement, et ne s'arrête que devant la disparition des cas cholériques.

Pour la seconde fois, il reprend le cours de son utile labeur jusqu'au moment où le retour de l'épidémie, en 1866, vient encore mettre en relief son courage inépuisable.

C'est pendant cette période de quatorze années, où il travailla sans relâche, que le docteur Autier signala, par de nombreuses et utiles découvertes, le zèle humanitaire dont il est animé.

On dirait qu'il a pris à tâche de tout améliorer, de tout perfectionner, tant sa marche est rapide dans la voie de la lumière et du progrès.

Il invente :

En 1853, le Biberon érectile et l'Édredon végétal,

si curieux et si utile ; en 1854, les Agents tincto-
riaux, produits par l'Aulne et le Noisetier, augmen-
tant la soie de moitié de son volume ; en 1857, le
Copiste instantané, sans mouillage ni pression ; en
1858, l'emploi de la racine de luzerne comme agent
savonneux, surtout pour dégraisser les laines sans
les feutrer, et démontre l'utilité des filaments de cette
racine pour la pâte à papier.

Il découvre également, cette même année, les pro-
priétés de l'acide carbonique pour le blanchissage et
la désagrégation de la cellulose du bois pour la pâte
à papier ; puis, il trouve le moyen de désinfecter
l'huile de foie de morue ainsi que les plaies.

En 1860, il invente un sirop conservateur de l'io-
dure de fer.

En 1862, il est délégué par le Préfet de la Somme
pour aller visiter l'Exposition de Londres, dans l'in-
térêt du département, et publie, sur son voyage un
Rapport remarquable.

En 1863, il perfectionne la Teinture des velours
de coton et invente les Sangsues artificielles.

En 1864, M. le Directeur-général des postes ap-
prouve les enveloppes de lettres du docteur Autier,
auquel les vignerons doivent encore la destruction

instantanée de l'Oïdium du raisin par l'eau de Goudron ou le Pétrole.

Mais 1866 rappelle à l'inventeur qu'il est né médecin, et que son vieil ennemi, le choléra est de retour à Amiens.

Malgré ses cinquante-cinq ans, le savant abandonne la science; le père de famille son foyer et ses enfants.

Ses compatriotes d'adoption, les habitants d'Amiens sont en danger.

Le fléau est si terrible, si rapide, qu'il ne laisse au docteur ni repos ni trève.

A peine a-t-il le temps de manger; quant au sommeil il ne le connaît plus.

Mais, son zèle et son dévouement le soutiennent; et, malgré les privations et les émotions de toute sorte, la mort de parents, d'amis et de confrères, il poursuit sa tâche d'humanité.

Et lorsque, brisé par cette existence fiévreuse et factice, le savant praticien arrive à ne plus pouvoir monter ni descendre de voiture, seulement alors il cède aux injonctions du Préfet et va prendre quatre jours de repos à Quevauvillers, à quatre lieues d'Amiens.

Quatre jours, c'était bien peu pour rétablir un

homme qui ne pouvait plus digérer les bouillons les plus légers.

Cependant ils suffirent au docteur Autier ; car on le vit revenir à Amiens, où, jusqu'à la fin de l'épidémie, il déploya son zèle intrépide.

Sur 10,000 cholériques, le docteur Autier en a soigné 3,000 ; il y avait cependant 52 médecins dans la ville infectée. On pourrait insinuer que cette terrible année a dû être extrêmement lucrative pour le docteur Autier.

Ce fut précisément le contraire qui arriva ; car, du 20 mars au 20 août, le désintéressé praticien n'a pas inscrit une seule visite sur son carnet.

Il a sacrifié à ses malades, ses instants et sa santé ébranlée, — mais non en pure perte, — car il a sauvé bien des existences, et pu voir, prix inestimable pour le cœur d'un tel père, son fils marcher à ses côtés dans la voie périlleuse du devoir et du dévouement.

La conduite de ce fils, l'accompagnant dans toutes ses visites, au péril de sa vie, rend le docteur Autier plus fier encore que toutes les Médailles qu'il a précédemment gagnées.

Aussi, est-ce avec un légitime sentiment d'orgueil

qu'il montre le numéro du 20 mars 1867, du journal *la Petite Presse*, où l'on peut lire :

« . . . . . A Amiens, le docteur Autier soigne
» 3,000 cholériques ; sur pied, nuit et jour, son
» zèle fut infatigable et sans bornes.

» Son fils aîné, pour l'avoir accompagé a reçu
» une Médaille de bronze, et figure au *Moniteur*
» avec cette inscription : « AUTIER fils, *Médaille de*
» *bronze* pour avoir accompagné et aidé son père
» dans les visites et le traitement des nombreux
» malades ».

Oui, il est si fier de l'heureux début de son enfant dans une carrière dont il est lui-même la gloire et l'honneur, qu'il oublie la splendide mention que le *Moniteur universel* du 20 mars 1867 lui a consacrée :

« Docteur AUTIER, — MÉDAILLE D'OR, — a soigné,
» en 1866, près de 3,000 cholériques. Déjà signalé
» dans les épidémies de 1832, 1849 et 1852 ».

Est-il besoin, après ce que l'on vient de lire, de faire l'éloge de l'homme dont l'existence n'est qu'une longue suite de travail, d'abnégation et de courage !...

Amiens. — Imp. CAILLAUX, place Périgord, 3.

www.ingramcontent.com/pod-product-compliance
Lightning Source LLC
Chambersburg PA
CBHW061828060726
47597CB00008B/3412